AF396647

Für A.

Die Gedichte haben mich geschrieben.
Ich wollte aus ihnen heraus.
Nun bin ich da.

Eik Naeth

An Dich

Gedichte

1. Auflage © 2016
Autor: Eik Naeth
Umschlaggestaltung: Eik Naeth
Fotos: Astrid Naeth
Verlag: tredition GmbH, Hamburg
ISBN: 978-3-7323-7464-9 (Paperback),
978-3-7323-7465-6 (Hardcover)
978-3-7323-7465-3 (e-book)
Printed in Germany

Bibliografische Information der Deutschen Nationalbibliothek:
Die Deutsche Nationalbibliothek verzeichnet diese Publikation in der Deutschen Nationalbibliografie; detaillierte bibliografische Daten sind im Internet über http://dnb.d-nb.de abrufbar.

An Dich

*Ich hör so gern dich
von den dingen singen
die fern sind
und unbekannt
dass ihre namen amberglänzend
scheinen
und worte,
die sie nennen,
violinenklanggleichen
duft verteilen
so ich nicht weiß,
bin ich ein hauch nur
oder doch schon
in die welt geboren.*

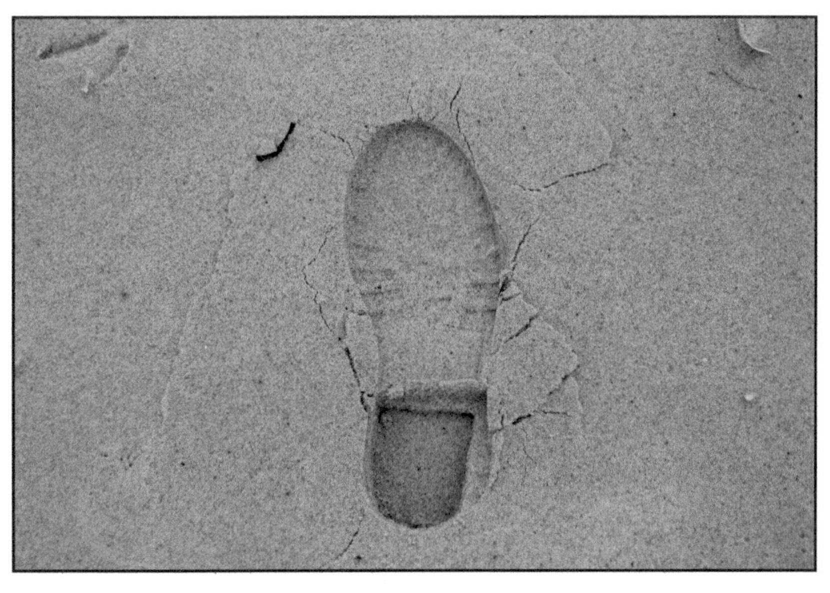

Im Sommer

Der fluss
rinnt bleiträge
zu umarmen
die ufer
in den kieseln
liegt dein haar zum trocknen
müd
lässt ahnen der wind
das leben
noch

Wolkenbruch
schlägt
krater
dem acker.
Irdener mund
atmet.

Mit dem Zug reisen

irgendwosein
fensterblicke
feld
stadt
feld
reden
denken
reden
der zug
sein blechernes lied.

Sommer am Morgen

*Gräserner rücken
trägt
tau.*

*Schweres lid
öffnet.*

*Wind
noch.*

Den Herbst betreffend

Windzerwehte Kronen
lauschen
lüstern
laubzerfahren
hin und wieder
schweben blätter
nieder
leise
leise

Nachtwerden

*Das gras senkt sich
in meinen müden blick
ich schau und winke
diesem tag.*

*Von all den tiefen gründen
die ich
auf meinem weg durchschritt
ist der tiefste wohl
in meinem herz zu finden
das im tiefen tale litt.*

*Nun schau ich auf und singe
dir und mir ein lied vom glück
das ich mit nach hause bringe
und ich schau nicht mehr zurück.*

Trübes Wetter

Kaffee auf dem tisch
und altes brot
wo bist du nur
wo?
werfe aus dem fenster
tauben von papier
(werfe mit gefühl)
fliegen sie
sie fliegen nicht
sie fliegen nicht weit genug
setz mich
trink kaffee
esse brot
singe radiolieder.

Sie sind
davongeritten
so sommerlich
es scheint,
sie waren niemals grau
so grau,
es scheint
sie waren niemals sommerfroh
fort
all die tage
schattenwärts.

Frieden (I)

*Schwäne
paddeln sich flußauf.
Wolke
regnet durstender kehle.
Wir
lachen.*

Frieden (II)

Kinder klettern
himmelwärts.
Baum neigt
ihnen seine zweige.

Dämmern
streckt sich in mein haus
leises flüstern
mit sorgenden händen
füllt
alle räume
fensterweit
fällt ein
wie vordem licht
zu ahnen nur
ferner regen

*Ich liebe
das spiel der schatten
auf deinem gesicht
es ist noch zeit
geh nicht
lass uns sanft
verwehn.*

Protokoll

geboren geworden
gelacht
geweint
gefühle gehabt
gegessen
geschissen
gelernt
gearbeitet
geliebt
gefaulenzt
gedacht
geängstigt
gevögelt
geheimnisse gehabt
grimassen geschnitten
geschlafen
gesungen
gesoffen
gekotzt
geheiratet
geschieden
gedrillt geworden
gehasst
geliebt
getrennt
gearbeitet
gevögelt
geküsst

glück genossen
gaben genommen
geld gehabt
gut gewesen
gemein gewesen
grau geworden
gelächelt
gestorben .

-

Deine hände
greifen nach mir

Dein mund
spricht in mir

Deine haut
fühlt mich wohl

Museumsbesuch Berlin

im museum
ein archaeopteryx
ein labyrinthodontia
das grosse kathago
das kleine karthago
kein karthago
mehrere gemälde
ausserdem:
eine frau mit gefärbtem haar
drei dampfmaschinen
zwei pferdekutschen
ein sputnik
eine moral
sieben motive
etwa neunundneunzig verhalten
ein englischer erfinder
ein russischer gelehrter
die frau aus greifswald
„BITTE NICHT BERÜHREN!"
zwei weltkriege
der mann aus karlsruhe
die alten griechen
mehrere schulklassen
ein alexanderplatz
ein kurfürstendamm
und:
acht bis zehn frauen mit gefärbtem haar

dreimal ah
viermal oh
eine gruppe kunststudenten
die skulptur cäsars
das foto eines mannes
das einer frau
nackt
ein globus
die atombombe
und noch eine
größer
ein altes telefon
ein neandertaler
ein homo sapiens
zeitungen und zeitschriften von gestern
und ein brief an irgendwen
und zwischen all dem:
frauen mit gefärbtem haar
eine gutenbergbibel
eine echte stradivari
mehrere fälschungen
die uniform napoleons
eine käfersammlung
ein herbarium
zwölf ausgestopfte elche
„TÄGLICH VON 9 BIS 18 UHR GEÖFFNET"
außer montags
viele putzfrauen
ein putzmann
meteoriten
und:
fünfundzwanzig bis dreißig frauen mit gefärbtem
haar

Steine
reihen sich
gleich einem band
und staub umfasst
alte linden
die an den seiten
aufgereiht
oft bin ich vorbei
auf meinem weg
von dort
auf meinem weg
nach hier
wünsche
ich könnt so sein
wie sie
und ragen
durch den tag
und richten mich nach morgen

*Wollt die alte nacht
zu dunkler höh
plötzlich doch
mit neuem mut -
so dass ich singe -
dieses du
mir neu erdacht.
wollt die alte nacht
zerren mich
und spielen mich
doch nun
die faust
das wort mit zuversicht
einen moment noch
oder nicht*

*In dem wald
da hör ich`s summen
die lärchen sind nun nackt
der schmale bach
legt sich zum schlafen
weiß
das bett und eisbepackt
doch vom himmel
grau verhangen
ruft`s mir leise zu
hab kein fürchten
hab kein bangen
bald bist zu hause du
so fass ich meine schritte
schneller noch
und eil dir zu.*

Im aug ein schweres glimmen
als wenn kein hoffen
kein sehnen mehr
gekrümmt
von seinen wege
sieht in jenes haus
geht durch diese tür
kalter wind fährt unter den mantel
sonst nichts

denk nicht
an hinter den fenstern
den letzten gruß
das begehren
der gedanken
den glimmenden blick
der
fährt unter die seele
und lässt
einsam dich
zurück

Sturm

Im fahlen grund
die wurzeln
tief im dunklen
gleich einer einzgen hand
schwarze eichen
auf ihrem weg
in ein neues land
harte kronen
fassen sich
im himmel
und von oben rufts
als wären mächte dort
ein grollen
haltet ein
oh stehet still
doch drängt nach vorn
der stämme meer
schritt um schritt
verbrüdert nun im tun
raben irren
um der häupter schar
kein halten gibt's
kein zagen
bis dann
ein raunen greift ins rund
alles steht mit einem mal
und war.

Poetischet Experiment *

Ick nehm von
zehn
eier
det jelb -
vom weiß
mach ick omlett mit speck
das schmeck ma jut -
ne
pulle burbon aus kentucky
sieben
große löffel
zucka
zwei
mit süße sahne
rühr
rühre wieda
und nochma
denn
jenieße ick die jeschichte
mit mein omlett -
so
is der ursprung
von meine jedichte

*nachmachen is lohnend, och wenn da keene jedichte bei
rauskomm*

Nun steh ich hier und sinne
über dich
du altes dürres weib
deutschland
du, die mich großgezogen
mir graut vor dir

in unsren jungen jahren
da warst du sanft
so wie ein junger mai
dein blick war klar
du, die mich großgezogen
mir graut vor dir

die felder waren satt
aus deinem garten drang verstand
dein haus
bot wärme
du, die mich großgezogen
mir graut vor dir

die lang von dir
vergessnen alten lieder
von hass und krieg
sie klingen wieder
du, die mich großgezogen
mir graut vor dir

dein kaltes haus nun
in den fluren
seh ich leute
hungern, frieren
du, die mich großgezogen
mir graut vor dir

liebe mutter
lass dir sagen
noch lieb ich dich

-

Mit dir
möcht ich sterben
ein wenig nur
immer wieder dann
am morgen
neu
wieder neu
und sind wir dann alt
so dass die tage
wie brot in unsren mägen gehn
liegen wir
zusammen
auf einer bank,
am meer,
in einem wald
träumen von dem
was kommen mag
träumen von dem
was war
es war schön
werden wir sagen,

es wird gut,
werden wir sagen,
es war schwer,
werden wir sagen,
es hat sich gelohnt
werden wir wissen

Ich habe keine kerze
dir
auf den tisch gestellt
um nur mich
zu entflammen
den mond
zwielichtig
im rücken
zuviel
wein im bauch
und auch im kopf
dieses stillsein

Meine Mutter
hat sich niemals beschwert
beschwert
haben sich
andere
über die harte arbeit
nur nicht
sie
bevor zeit
sich zu beschweren
hatte sie bereits
raue
hände

Weg

Ungeduscht
und herrlich gerade
der weg
auf dem ich geh
der wind trägt herbst
und
früchte
grau steigt es
vom feld
abseits warten
störche
auf traktoren

Bild

Die wiese
dahinter – der wald
(in dem du
deinen gesang
den jungen füchsen widmest,
dem nahen see
und den schmetterlingen
die azur sind
wie dein kleid)
das alles sehe ich nicht
nur dich

Eine Frage

Hast du
verloren dich
die zeiten hindurch
deine hand
stark
einstmals
dein blick
dem schäumenden meer gleich
das beständig
ufer frisst
was ist dir geschehen
bruder
die zeiten hindurch
nach den stunden
die wir lagen im graben
stahlbehelmt
aus denen wir
wie
unwirklich
nur noch vage träumen
schweißbedeckt
zornig
benutzt
doch wehmütig
mit der hand
die jetzt neu schafft
mit dem blick
der nach vorn sehn darf
nach all dem

Die Bank

Eine Bank
zwei sitzen darauf
das letzte licht
der sonne
färbt ihre hemden
kein wort
stört
kein dritter
kein dursten
kein hungern
kein frieren
nur sitzen
nur verstehn

Über das Stinken

Der mensch
der deutsche sowieso
der mag
wenn er ruhet oder schuftet
dass angenehm es duftet

nur duftet es noch zu sehr

da frag ich mich
was soll das werden
lasst doch die nasen uns befrein -
denn wer nach arbeit stinkt
der ist kein schwein

nur stinkt es noch zu wenig

lernt bis die hirne hinten
und vorne rum nach wissen stinken
lasst doch unsre köpfe uns befrein -
denn wer nach bildung stinkt
der ist kein schwein

nur stinkt es noch zu wenig

mit dem freund ganz nah
oder deinem holden weib allein
lasst auch unsre herzen uns befrein -
denn wer nach liebe stinkt
der ist kein schwein

nur stinkt es noch zu wenig

Stinken solls in weiter rund
dann riecht man gleich
dies volk -
das ist gesund

nur duftet es noch zu sehr

-

Gern möcht ich
dich
unterbringen
tief in mir
in der stillen
warmen stelle
so dass
dein sanftes lieben
immer bei mir sei
und alles
was uns eint
wir stehts gefühlt
ich fühl es tiefer noch

Abendstimmung

Wie aus scherben eines ganzen
straßen
bäumen
häusern
gras, blumen
und den lücken
die dazwischen sind
steht diese landschaft da
der abend mischt
das licht
befreit den tag
der nun erlischt
fern tanzt
ein feuer
so
als wenn es freundlich wär
wie ungewiss
hebt sich
grau der nebel

Am Morgen

Rothaarige stille
streichelt
das feld

störche tanzen
zum lied
nasser, glänzender frösche

die
haben kein auge
für diese anmut

Schiff in der Flasche

*Immer nur fort
über die gischt
wellen bezwingend
strudel
und sturm
die hand fest ans ruder
steuermann!
Auf kurs den alten segler
vorbei
an riff und klippe
vorbei nur
vorbei
noch diesen einen horizont
nur noch diesen
mit dem schiff
in
der flasche
ewig kreisendes
reisendes
hirn*

Brief

*Ich schreibe
einen brief.
An mich.
Weil -
gestern
da bin ich mir
begegnet.
Du
bist dabei.
Wir
sind verwundert.
Ich auch.
Ich sehe uns an.
Und mich.
Da lege ich mir
mein herz
auf die zunge.
Rede mit dir.
Rede mit mir.
Wir reden miteinander.
Ich mit mir und du.
Wir lachen.
Wir diskutieren.
Du mit mir.
Und ich.
Ich und ich küssen dich.
Zart.
Ganz zart.
Das
ist einen brief wert.
Einschreiben.*

Du

Wie ein boot
das mich trägt
immer
immer
wie ein raunen
das mich zärtlich ruft
immer
immer
wie ein schmerz
der mich heilt
immer
immer

*führenden
Online-Portalen (z. B. iBookstore von Apple oder Kindle
von
Amazon) zum Verkauf.*

Jetzt ein Buch veröffentlichen: www.tredition.de

EINE BUCHREIHE ODER VERLAG GRÜNDEN

*Seit 2009 bietet tredition sein Verlagskonzept auch als
so-
genanntes "White-Label" an. Das bedeutet, dass andere
Personen oder Institutionen risikofrei und unkompliziert
selbst zum Herausgeber von Büchern und Buchreihen
un-
ter eigener Marke werden können. tredition übernimmt
da-
bei das komplette Herstellungs- und Distributionsrisiko.
Zahlreiche Zeitschriften-, Zeitungs- und Buchverlage,
Uni-
versitäten, Forschungseinrichtungen, u.v.m. nutzen diese
Dienstleistung von tredition, um unter eigener Marke
ohne
Risiko Bücher zu verlegen.
Alle Informationen im Internet: www.tredition.de/Buch-
verlage*

*tredition wurde mit mehreren Innovationspreisen ausge-
zeichnet, u. a. Webfuture Award und Innovationspreis
der
Buch-Digitale.
tredition ist Mitglied im Börsenverein des Deutschen
Buch-
handels.*